On les vend chez MARTIN VANDEN ENDEN marchant de taille douces
sur le coing de la ruë de beddestraet sur le Marché de souliers a Anuers

THIERRY, *fils de* GEROLFE, *Comte*
de l'Empereur LOVYS II. *fut institué*
Empereur l'an 863. Il eut un frere nom
Aucuns tiennent qu'il est enterré en
ville d'Egmont, auec sa femme GENA,
reprimé l'insolence des Frisons,
chastié les autheurs de la cons

de Frise, et de HILDEBERGE, *fille*
premier Comte de Hollande par ledit
mé WALGER *Comte de Teisterbant.*
un Monastere par luy fondé en la
apres auoir fort long-temps gouuerné.
auec assistance de l'Empire, et
piration

THIERRY II. Comte de Hollande eut vne soeur, nommée HILDE-
GARDE, laquelle espousa THIERRY Comte de Gand. Il fit rebastir le
Conuent d'Egmont, bruslé par les Frisons, qu'il deffit en deux
batailles, et deceda sans enfans l'an 988. apres auoir gouuerné
88. ans et vescu 100. ans. Il re- posé audit Conuent.

ARNOVLD surnomé de GAND, succeda a son oncle THIERRY II. posseda le Comté de Gand par droit paternel, et celluy de Hollande du costé de sa mere. Il vescut en opinion de Sainctetez; et apres auoir soustenu des longues et cruelles guerres contre les Frisons, il fut par iceux tué en vne bataille proche de Winckelmer, fort regretté de ses subiets, et enterré aupres des cendres de son pere a Egmont, l'an 995. auec sa femme IVDGARDE, de laquelle il eut THIERRY III. qui succeda en ses Estats, SIFRID, surnommé le SEC, et ADELE, laquelle espousa BAVDOVIN, Comte de Bologne.

THIERRY III. espousa ALIDE, fille de l'Empereur OTTON. Pour vanger la mort de son pere il fit brusler beaucoup de villages en la Frise Orientale, laquelle fut reduite soubz son obeissance, et donneé a son fils puisné FLORENT. Il deffit et prit prisonnier GODEFROY, Duc de la Lorraine Inferieure, qu'il deliura aussy tost; et mourut l'an 1039. en retournant de Hierusalem, ou il auoit esté visiter le S. Sepulcre. Son corps gist a Egmond.

THIERRY IV. apres le deces de son Pere cinquieme Comte de Hollande, s'en alla a Liege, ou s'estoÿent assemblez plusieurs Princes et grans Seigneurs; il y tua par mesgard en vn ieu de tournoy le frere de l'Euesque de Cologne. ses emulateurs le poursuiuirent iusques a Dort, ou il fut occis l'an 1048. n'aÿant iamais eu femme nÿ enfans. Est enseuelÿ a Egmõd.

FLORENT 1. *succedant a son frere* THIER RY IV. *mort sans enfans, quitta la Frise* *pour venir prendre possession de la* Hollande, *espousa* GERTRVDE, *fille* *de* BERNARD DVC *de Saxe, laquelle* *est par aucuns nommeé* BERTE. *Ce* *comte fut genereux, mais surpris et* *tué par* HERMAN *Comte de Cuyck,* WI= CHARD *Aduocat de Gelre, et autres* *alliez contre luy, l'an 1061. laissant* THIERRY V. *pour successeur et* BERTE, *femme de* PHILIPPE *Roy de France.*

GERTRVD, vefue de FLORENT 1.
prit les refnes du gouuernement de
THIERRY V. lequel fut long-temps
affifté par ROBERT DE FRISE, Cóte
remariée. Il deceda l'an 1091. apres
vn fils de fafemme OTELHIDE, de
foudain apres le treffas de fon mary
l'eftat en la minorité de fon fils
priué de fon heritage, qu'il recupera
de Flandres, auec qui fa mere eftoit
auoir gouuerné le pays 15. ans, laiffant
la maifon de Saxe.

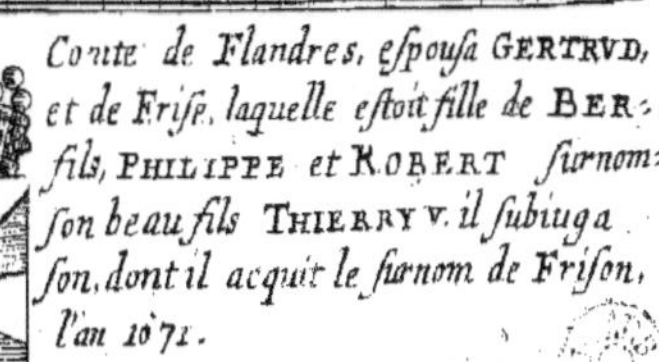

ROBERT, *fils* de BAVDOIN LE VIEIL, *Comte* de *Flandres, espousa* GERTRVD, *vefue* de FLORENT 1. *Comte* de Hollãde *et* de *Frise, laquelle estoit fille* de BERNARD, *Duc* de *Saxe, et eut d'icelle deux fils,* PHILIPPE *et* ROBERT *surnom*mé DE IERVSALEM. *Comme tuteur de son beau fils* THIERRY v. *il subiuga* en deux *sanglantes batailles, les Fri*son, *dont il acquit le surnom de Frison,* et *mourut* l'an 1071.

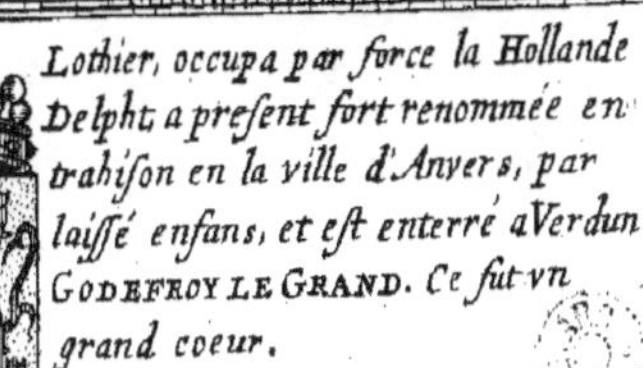

GODEFROY LE BOSSV, Duc de Lothier, occupa par force la Hollande
et la Frise. Il fit bastir la Ville de Delpht, a present fort renommée en
traffieq et richesses. Il fut tué par trahison en la ville d'Anvers, par
un sien valet l'an 1076, sans auoir laissé enfans, et est enterré a Verdun
proche le sepulcre de son pere GODEFROY LE GRAND. Ce fut vn
Prince fort saige, eloquent, et de grand coeur.

GODEFROY estant tué, la Comté retourna a son vraÿ et legitime heritier THIERRY V. lequel dompta les Frisons reuoltez, qui furent rompus par deux furieuses batailles, et taillez en pieces sans esgard nÿ a l'eage nÿ au sexe; puis prouirent obeissance. Il deceda l'an 1091. sa femme eut nom OTHELHILDE, fille de FRIDERIC Duc de Saxe, de laquelle il laissa vn fils, nommé FLORENT II. qui luÿ succeda.

FLORENT ii. surnommé le GROS, *fut Prince de grande stature et fort* corpulent, pacifique, grand aumon- nier, d'heureuse Lignée, et qui surpassa en sainteté de vie tous ses ancestres. Il eut a femme PETRONILLE DE SAXE, soeur de l'Empereur LOTHAIRE, a la quelle il laissa le gouuernement pen: dant le bas eage de ses quattre enfans, en mourant regretté de tous l'an 1122.

THIERRY VI. du nom, fils de FLO- RENT LE GROS, eut de SOPHIE,
fille D'OTHON Comte de Rineke et Benthem, quattre fils et trois fil:
les, FLORENT III. son successeur, OTHON Comté de Rineke et de
Benthem, BAVDVIN Euesque d'Vtrecht, PELGRON Chastellain de
Zelande, Seigneur de Vorne, SO- PHIE Abbesse de Fontanelle, HADE
WIC Religieuse, et PETRONILLE. Il fut occis par les Frisons, l'an 1157.

FLORENT III. fils de THIERRY VI. prit a femme la fille du Roy d'Escosse, nommée ADE, amenée en Hollande par VIBOLDE, Abbé d'Egmond, homme de grande sainteté. Il eut d'elle THIERRY VII. et GUILLAUME I. qui par succession furent Comtes de Hollande et de Frise. Apres auoir chastié les Frisons, qui s'estoient derechef reuolté, et auoient bruslé la ville d'Alcmaer, Il mourut glorieusement en la Palestine en la deffaite des Sarrazins l'an 1190. Est enterré a Antioche.

THIERRY VII. prit possession des Estats   vacants par le decés de son pere,
qui auoit esté Compte 33. ans. De sa   femme ALIDE DE CLEVES. Dame
belliqueuse, il n'eut que deux filles,   dont l'vne espousa HENRY DE GVEL-
PRES, et l'autre de mesme nom que   sa grande mere. ADE fut mariée a
LOVYS Comte de Loën, lesquelles   moururent sans enfans. Il trespassa
l'an 1203. ensepuelÿ a Egmond.

ADE, fille de THIERRY VII. et de sa fem-   me ALIDE, ne tint pas long-temps les resnes de sa succession: car les plus puissans   voisins porterent enuie a son mary LOVYS, et ny son eage, ny son sexe, luy donnerent   les qualitez requises au gouuernement, bien qu'elle fut fort vertueuse. Son oncle   paternel GVILLAVME la deboutta de ses Estats, non sans grande effusion   de sang. Elle mourut en exil a Middelbourg, sans lignée de son corps, l'an 1204.   ou elle est ensepuelie proche de sa Mere, dans vne Abbaye des Premonstrez.

GVILLAVME 1. gouuerna la Frise et la Hollande l'espace de XIX. ans. Il
exila ADE sa niepce; prit la ville de Damiate en Ægypte par l'industrie
des Harlemois, et des Allemans l'an 1219. et eut deux femmes, ALIDE, fille
du Duc de Gueldres, de laquelle il eut FLORENT, son successeur, OTHON,
Euesque d'Vtrecht, et GVILLAVME, outre deux filles, qui furent religieu-
ses. sa seconde femme MARIE, fille du Duc de Lancastre, fut sterile. Il
mourut l'an 1223.

FLORENT IV. espousa MAGHTILDE, fille du Duc de Brabant, duquel maria:
ge sortirent GVILLAVME et FLORENT, ALIDE Comtesse de Hainaut, et MACH:
TILDE Comtesse de Henneberg. Ce Prince fut extremement vaillant, ce qui auança
sa fin: car il fut occis a la jouste d'vn tournoy dressé par le Comte de Clairmont,
en la ville de Corbie, faisant paroistre son inuinsible courage. son corps fut rap:
porté en Hollande, et enterré a Rinsbourg, l'an 1235.

GVILLAVME II. fils de FLORENT IV. eut pour compaigne de sa couche ELI
SABETH, fille du Duc de Brunsuic. dont nasquit FLORENT V. Son inclina-
tion le porta aux armes; deffit les Fla mens, qui estoient entrez a main armée
dans l'isle de Walkeren en Zelande, pour la piller; fut esleu Roy des Rom-
... et couronné a Aix, l'an 1246. d'ou estant de retour il fut occis a
la guerre qu'il mena contre les Fri sons l'an 1256 Il est enteré a Middelb.

FLORENT V. _pour terminer le diffe_ / _rent que les Flamens auoient contre_
luy, espousa BEATRICE _fille de_ / GVY _Comte de Flandres, de laquelle_
il eut cincq fils et trois filles, dont la / _derniere_ MARGVERITE, _fut Reÿne_
d'Angleterre. Son premier soing fut / _de vanger la mort de son pere sur_
les Frisons, et fut occis par vn de ses / _table parricide l'an 1296. laissant son_
fils IEAN 1. _pour heritier; il est ensep_ / _uely a Reinsbourg._

IEAN 1. estoit en Angleterre quand son pere fut assassiné. Son absence causa quelques troubles en Hollande, qui furent appaisés par son retour. Il châtia la rebellion des Frisons, et espousa ELISABETH fille D'EDUARD Roy d'Angleterre, laquelle fut sterile. Il trespassa de mort suspecte en la ville de Harlem l'an 1299. apres auoir iouy de son patrimoine seulement trois ans, et fit place ala noble maison de Haynaut, dont la posterité s'ensuyt.

IEAN D'AVESNES, II. de ce nom, fils de IEAN Comte de Hainaut, et D'ALIDE fille de FLORENT IV. Comte de Hollande et de Zelande, sœur de GVILLAVME II. Roy des Romains, succeda a son cousin IEAN 1. mort sans enfans. Il espousa PHILIPPINE fille de HENRY LE BLOND Duc de Luxembourg, de laquelle il eut 4. fils et 4. filles; IEAN LE CRVEL Comte d'Ostroüande, mort deuant son pere, GVILLAVME LE BON. IEAN DE BEAVMONT, et HENRY. Il mourut l'an 1304. est enterré a Valenciennes chez les Dominicains, proche de son pere et sa feme.

GVILLAVME III, surnomé LE BON, Comte de Hainaut de Hollande et Zelande, fonda le college des Chanoinés de S. Pierre a Middelbourg l'an 1312.
Il eut de sa femme IEANNE DE VALO- is soeur de PHILIPPE Roy de France,
plusieurs enfans; a sçauoir GVILLAV- me, MARGVERITE Duchesse de Ba-
tiere et Imperatrice, PHILIPPINE Reine d'Angleterre, IEANNE Duchesse
de Iuliers, et ISABELLE. Il assista de ses troupes ledit Roy PHILIPPE, et
deffit les Flamens. Apres auoir en grande iustice dominé 33. ans, il
mourut l'an 1337. enseuely a Valen- ciennes.

GVILLAVME IV. meina vne armée en Espagne contre les Maures, ou
il acquit tres-grande reputation. A son retour il assiegea et reduisit
la ville d'Vtrecht aluy demander pardon, pieds nuds et testes descou
uertes. Il n'eut point d'enfans de sa femme IEANNE fille de IEAN III.
Duc de Brabant, laquelle apres sa mort se remaria a WENCESLAS
Duc de Luxembourg. Il perit, com battant trop Valeureusement contre
les Frisons, l'an 1345. Son corps fut transporté a Valenciennes l'an 1596.

MARGVERITE AVGVSTÉ, fille de GVIL=
LAVME IV. et femme de LOVYS DE
belle suitte, possession de la Hollande,
GVILLAVME LE FVRIEVX, l'an 1351.
Frisons auoient en Hollande pour van
ce mortel sejour l'an 1356. est ense
finit la maison de Hainaut, qui fit
LAVME LE BON, soeur aisnée de GVIL=
BAVIERE, vint prendre, auec vne tres-
d'ou elle fut deboutte'e par son fils
Elle vendit tous les biens que les
ger la mort de son frere, et quitta
uelie a Valencïennes. En sa mort
place a celle de Bauiere.

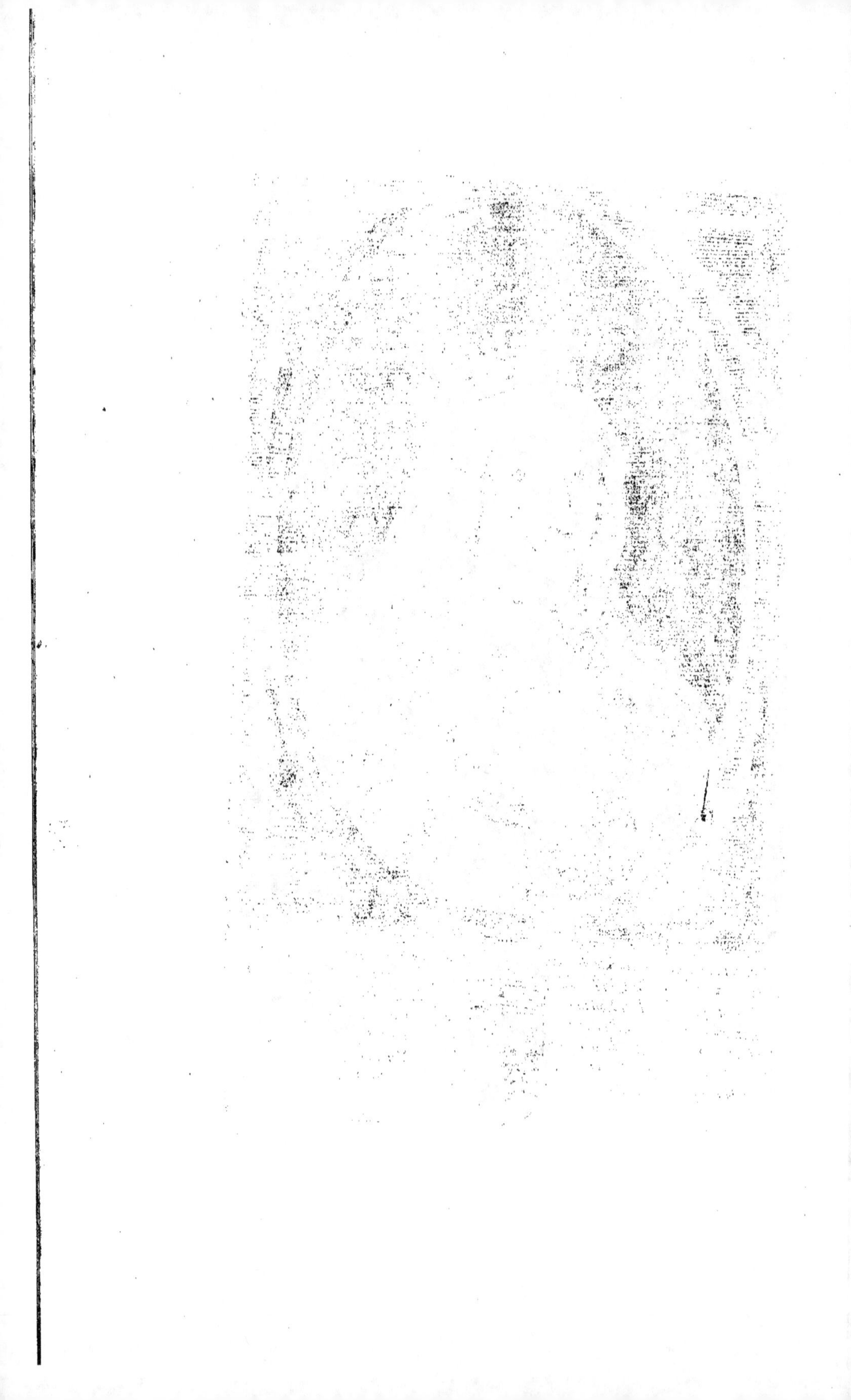

GVILLAVME V. Duc de Bauiere, dict LE FVRIEVX, fils de l'Imperatrice
MARGVERITE, n'eut point d'enfans de sa femme MAGHTILDE DE
LANCASTRE. Apres auoir perdu ses sens par punition diuine, il tua
de sa main vn Gentil-homme d'illust re maison; ce qui obligea ses suiets
de luy donner son frere ALBERT pour tuteur l'an 1358. et mourut
en prison dans la ville de Quesnoy, l'an 1377. enteré a Valencienés, pres de sõ pere.

ALBERT DE BAVIERE gouuerna le païs depuis l'an 1358, iusques a l'an 1377. que dura la Frenesie de son frere GVILLAVME, et depuis fut Comte de Hainaut, Hollande et Zelande l'espace de 27. ans. De sa femme MARGVERITE DE BRY, fille de LOVYS Duc de Pologne, il eut GVILLAVME VI. IEAN Euesque de Liege, ALBERT, Duc de la basse Bauire, IEANNE, qui espousa ALBERT D'AVSTRICHE, MARGVERITE, femme de IEAN SANS PAOVR Duc de Bourgoigne, et CATHERINE Duchesse de Gueldres. Il mourut l'an 1404. enterré a la Haye.

GVILLAVME VI. *de sa femme* MARGVERITE *fille de* PHILIPPE LE HARDY *Duc de Bourgoigne et de* MARGVERITE DE MALE *Comtesse de Flandres, procrea* IAQVELINE. *Il fit la guerre au Duc de Gueldre, et assembla les Estats de ses prouinces l'an 1417. ou sadite fille* IAQVELINE *du consentem: ent de tous fut declarée heritiere apres sa mort. Il mourut la mesme année, et est enseuely a Valenciennes, chez les Freres Mineurs.*

IEAN DE BAVIERE esleu Euesque de Liege, apres la mort de son tres-
bon frere GVILLAVME VI. disputa long temps par armes le gouverne
ment de la Hollande contre la Prin cesse IAQVELINE sa niepce, dont
a la fin il obtin la tutelle. Il assie gea Dordrecht et Leÿden, et
aÿant gouverné l'espace de quel ques années, il trespassa l'an 1424.
et fut enseuely a la Haÿe.

IAQVELINE DE BAVIERE, fille de GVIL-LAVME VI. et de MARGVERITE de Bour-goigne, se maria fort ieune a IEAN Dauphin de France, fils de CHARLES VI: qui mourut de poison; puis elle se re-maria a IEAN IV. Duc de Brabant l'an 1418. contre lequel elle intenta pro-cés de diuorce, et se remaria pour la 3. fois a HVNFRIDE Duc de Cloces-ter, frere de HENRY Roy d'Angleterre et prit pour son 4 mary FRANCO-is Seigneur de Borsele, Elle mourut sans enfans, l'an 1437. enseuelie a la Haye.

PHILIPPE LE BON, 1. du nom Comte de Hollande, fils de IEAN SANS PEVR
Duc de Bourgoigne et de MARGVE- RITE DE BAVIERE, fille D'ALBERT,
succeda par droit de proximité. Il institua l'ordre de la Toison d'or
l'an 1429. le propre iour de ses nopces auec sa troisieme femme
ELISABETH fille de IEAN Roÿ de Portugal. Apres auoir sagement
regné l'espace de 47. ans, il mourut a Bruges l'an 1467. eagé de 71. ans.

CHARLES 1. surnommé LE HARDY, fils de PHILIPPE 1. et D'ELISABETH
de Portugal, heritier des XVII. pro- uinces vnies par son pere, espousa
ISABELLE DE BOVRBON, de laquel- le il procrea MARIE. Il subiuga la
ville de Liege, et s'acquerant trop d'ennemis a la fois, fut tué proche
de Nancy par les Suisses liguez auec RENE Duc de Lorraine, l'an
1477. eage de 45. ans. Ce Prince fut grand iusticier.

MARIE DE BOURGOIGNE, *fille vnique* de CHARLES HARDY, *espousa* MAXI: MILIEN D'AVSTRICHE, *fils de l'Em-* pereur FREDERIC III. *et de* LEONORA *fille* D'EDOVARD *Roy de Portugal, non- obstant les trauerses de* LOVYS I. *Roy de France, qui la demandoit en mariage pour le Dauphin son fils, e agé seulemēt de* 8. *ans, et cette Prĩcesse en auoit* 20. *Elle tomba d'vn cheual, allant a la chas- se, et mourut enceinte de son quattrie- me enfant, l'an* 1482. *enseuelie a Bruges, et son coeur en Anvers, proche de sa mere* ISABELLE, *a* S. Michel.

MAXIMILIEN 1. Archiduc d'Austriche, espousa MARIE DE BOVRGOIGNE a Gand, au grand contentement des prouinces. Il liura bataille aux François et les deffit, dont s'ensuiuit la prise de Tournaÿ. MARIE estant decedée, les François soustenoient, eut que la tutelle des enfans leur apartenoit, mais elle fut adiugée au pere par les Estats. Il fut esleu Empereur, et reduisit les Gueldrois a la raison. mourut a Nieustat en Austriche, l'an 1519.

PHILIPPE LE BEAV, 11. du nom Comte de Hollande, espousa IEANNE fille de
FERDINAND LE CATHOLIQVE, Roÿ d'Espagne, qu'il ammena au paÿs-bas, ou
elle s'accoucha a Gand de CHARLES V. depuis Empereur, l'an 1500. et eut vn autre fils nommé FERDINAND. Il retourna en Espaigne, et gaigna les bonnes gra-
ces de tous le Grands Seigneurs. En fin il mourut e agé de 28. ans, l'an 1506.
enterré aux Chartreux proche de la ville de Burgos.

L'Empereur Charles V. perdit son pere a 6. ans, fut recogneu Prince des
paÿs-bas a 15. ans, recueillit les royaumes d'Espagne a 18. et fut proclamé
Empereur a 19. aÿant eu pour competiteur a l'Empire François 1. Roÿ de
France, qu'il fit prisonnier deuant Pauie. Apres plusieurs autres gran-
des victoires il remit la charge de ses Estats sur les espaules de son
fils Philippe, et peu apres renuoÿa la couronne Imperiale a son frere
Ferdinand: Il mourut l'an 1558. en la cité de Grenade.

PHILIPPE II. Roÿ d'Espagne, etc. et III. du mesme nom Comte de Hollande, prit
possession des pays-bas l'an 1549. eage de 22. ans. Il alla visiter quelques prou-
nces puis il sen retourna en Espagne au mesme an 1549. son depart si promt,
etsa perpetuelle absence, furent suiuyz de grands mal-heurs. il eut 4. femmes. 1.
MARIE, fille de IAN Roÿ de Portugal. 2.MA-RIE Roÿne d'Angleterre 3 ISABELLE, fille
HENRY II. Roÿ de France, laquelle luy procrea ISABELLE, et CATHERINE mariee
CHARLES Duc de Sauoÿe. 4.ANNE fille du l'Emp.r MAXIMILIEN II. de laquelle il eut le
Ser.me et puissant Roy PHILIPPE III. Il mour-ut l'an 1598. eagé de 71. ans et 4. mois.

ALBERT *Archiduc d'Austriche, nom*mé LE PIEVX, *fils* de *l'Empereur* MAXIMI-
LIEN II, *frere de* RODOLFE II. *et de* MATTHIAS I. *espousa l'Infante* ISA-
BELLE CLAIRE EVGENIE *laquelle luy apporta en mariage les* XVII.
Prouinces auec la Comté de Bour goigne. Ce saige et puissant Prince
mourut sans enfans l'an 1621. *enter ré a Bruxelles, en la Chapelle du*
S. *Sacrement de Miracle, en l'eglise de Sainte Goulé.*

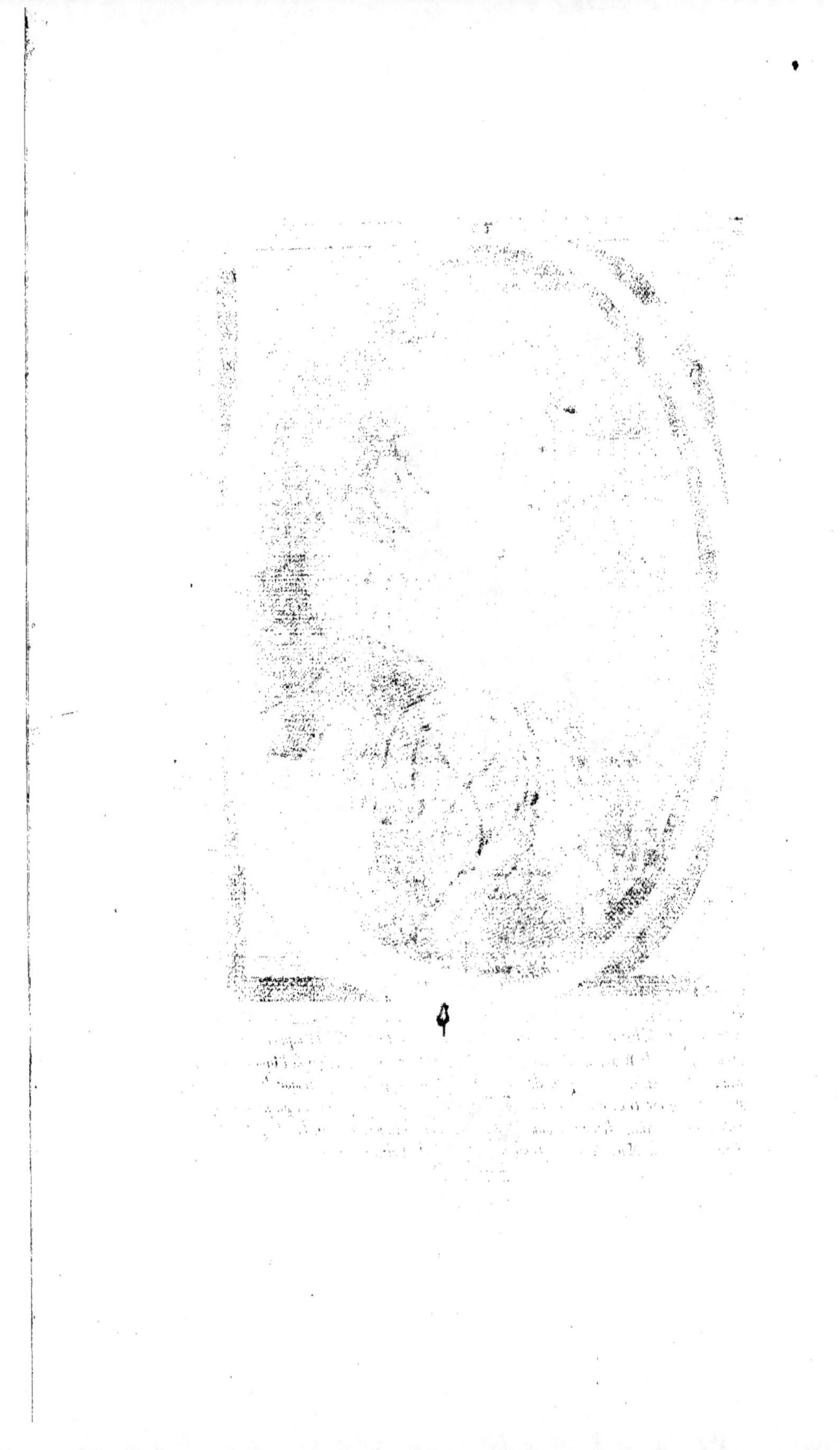

ISABELLE-CLAIRE-EVGENIE, *fille du Roÿ* d'Espagne PHILIPPE II. *et d'*ISABELLE *de France, en se mariant auec l'Archi*uc ALBERT *fut dotée par son pere* *de la Bourgoigne et des Paÿs-bas, du* consentement de PHILIPPE III. *son fre-* *re. Elle mourut fort pieusement l'an* 1633. *et est iusques a present seulem-* *ent lepostée derriere l'autel de la* Chapelle du Palaÿs, a Bruxelles, *et* *despuis enterre aupres de son mari.*

PHILIPPE IV. tres-puissant Roy d'Espa- | gne et des Indes, auquel par la mort
D'ALBERT et D'ISABELLE sans enfans, | escheut l'heritage de la Bourgoigne
et des Pa's bas, nâquit l'an 1605. de | PHILIPPE III. et de MARGVERITE
d'Austriche. Il se maria a ISABELLE | DE BOVRBON fille de HENRY IV. de
laquelle est procreé ANNE THERESE | presentement Roÿne de France, Secon-
dement il at espousé MARIE-ANNE, fille | de FERDINAND III. mere de l'Infan-
te ANNE et du Prince IGNACE.

Thierry d'Alsace, fils de Thier-   ry, Duc de Lorraine, et de Gertrul
fille de Robert, Comte de Flan-   dres. Il fit quattre fois le voyage
de la Terre-Saincte, d'ou il apporta   le saint Sang de Nre Sauueur Iesu
Christ, lequel est a Bruges. Sa fe-   mme Sibylle d'Anjov luy procrea cincq fils et trois filles. Il mou-   rut l'an 1168. enterré a Wattene, apres
auoir basty la ville de Grauelines.

GVILLAVME DE DAMPIERRE, *fils* de GVILLAVME *et de* MARGVERITE DE CONSTANTINOPLE, *se maria a* BEATRICE, *fille de* HENRY, *Duc de Brabant, laquelle gist au Cloistre de Groeninghe a Courtray, par elle fondé. Il se croisa auec S. Louys Roy de France contre les Sarrazins. Il dèceda sans enfans, l'an 1251. et gist a Flines.*

ROBERT DE BETHVNE, fils de GVY et de MACHTILDE, espousa BLANCHE, fille de CHARLES D'ANJOV. Roy de Sicile, de laquelle il eut CHARLES, mort fort jeune. Sa seconde femme IOLENTE, fille D'ODON, Comte de Neuers et niepce de HVGVES IV. Duc de Bourgoigne, luy enfanta LOVYS, ROBERT, IEANNE, IOLENTE, et MACHTILDE. Il trespassa l'an 1322. enseuely en l'eglise de S. Martin (a pre-sent Cathedrale) a Ipre.

PHILIPPE D'AVSTRICHE, dit LE BEAV, prit possession des XVII. Prouince, par droit hereditaire maternel, et fut Roy d'Espagne, de Naples, etc. par droit de dot du costé de sa femme IEANNE D'ARRAGON, fille vnique de FERDINAND D'ARRAGON et D'ISABELLE DE CASTILLE. Il trespassa en Espagne l'an 1505. eagé de 28. ans, fort regretté de tous ses subiets.

FRIDERICVS III. Dei Gratiâ Daniæ et Norwegiæ Rex. nec non Schleswici et Hol- satiæ Dux etc.

Petr. de Iode sculp.   Ioan. Meÿssens exc. Antverpiæ.

MARGVERITE DE MALE contracta mariage en la ville de Gand auec PHI:
LIPPE LE HARDY. Duc de Bourgoigne, frere de CHARLES V. Roy de France,
duquel elle eut IEAN SANS PEVR. par ce mariage le Duché de Bourgoigne fut joint
a celluy de Brabant, aux Comtez de Fland res, d'Artois, de Bourgoigne, et aux
Seigneuries de Salins et de Malines. PHILIPPE trespaßa l'an 1404. et
gist a Dijon en Bourgoigne.

MAXIMILIEN D'AVSTRICHE, dit COEVR D'ACIER *fils de l'Empereur* FREDERIC III. et de Dame LEONO-RE DE PORTVGAL, *espousa* MARIE DE BOVRGOIGNE, e agée de 21. ans, *laquelle mourut l'an 1482. laissant* deux enfans, PHILIPPE et MARGVE-RITE, *est enterrée a Bruges. proche* de son pere. MAXIMILIEN *mourut* Empereur *l'an 1519. et gist* en la ville de Nieustat.

TIMORE DOMINI
LEOPOLDVS GVI-   LIELMVS
DEI GRAT. ARCHID.   AVSTRIÆ BELG.
ET BVRGVNDIÆ   GVBERNATOR ETC.
Petr. de Iode sculpsit.   Mart. vanden Enden excud.

HENRY VI. du nom, dict le DEBONNAIRE, et III. des Ducs de Lothier et de Brabant, Marquis du S. Empire, Comte de Louuain, Daelhem, Boulogne etc. eut pour femme ALEIDE, fille du Duc de Bourgoigne, laquelle luÿ enfanta HENRY Moine a S. Estienne de Dÿon, IEAN 1. et GODE- FROY; Comte et Sire d'Arschot, et MARIE, laquelle espousa PHILIPPE III. Roÿ de France. Il mourut l'an 1260. † enterré a Louuain chez les Dominicains.

Petrus de Iode sculp.

Ioan. Meyssens excudit Antverpiæ.

ILLVSTRISSIMVS ET POTENTISSIMVS ESAR
MAGNVS MOSCOVIÆ ET RVSSIÆ DVX.ETC.
OMNIS SALVS IN FERRO.

LOYS le DEBONNAIRE, Emp.r et Roÿ de Fran-   ce, espousa HERMINGARDE fille D'ENGVER-
RAND Comte de Saxe, de laquelle il eut LOTHA-   IRE. Emp.r PEPIN Roÿ d'Aquitaine, et LOYS
Roÿ d'Allemagne et d'Hongrie. De sa seconde femé   IVDITH, fille de WELPHE, Comte d'Altorf,
soeur du Duc de Bauieres, eut CHARLES le   CHAVVE. Mourut 840. eagé de 64. ans.
Enterré a Mets, en l'Abbaye de S. Arnould.

LOYS V. du nom, auquel finit la seconde race des Roys de France, dicte des CARLO-
VINGIENS. Mourut sans enfans l'an 987. n'ayant regné qu'vn an. A Icelluy succeda
CHARLES Duc de Lorraine Inferieure, son Oncle, fils de LOYS D'OVTREMER

CHARLES le CHAVVE, Oncle paternel du sus-nommé, Empereur, et Roÿ de France occupa partie de la Lorraine et le Brabât. Il partagea auec son frere LOŸS, Roÿ d'Allemaigne, l'heritaige de LOTHAIRE II. Sa premiere femme fut HERMENDRVDE, mere de LOYS le BEGGVE et de IVDITH mariée a ETELVLFE, Roÿ d'Angleterre, et depuis à BAVDVIN de Flandres. Mourut emp-oisonné 877. l'an second de son Empire.

Petr. de Lude sculp.

Joannes III Rex Poloniæ et Vkraniæ
Restitutor Liberator Christianitatis
Protector Semper Victor

Le Vray Pourtraict du grand Seigneur MAHOMET IIII.
du nom Empereur de Constantinople etc.

excudit Antverpiæ.

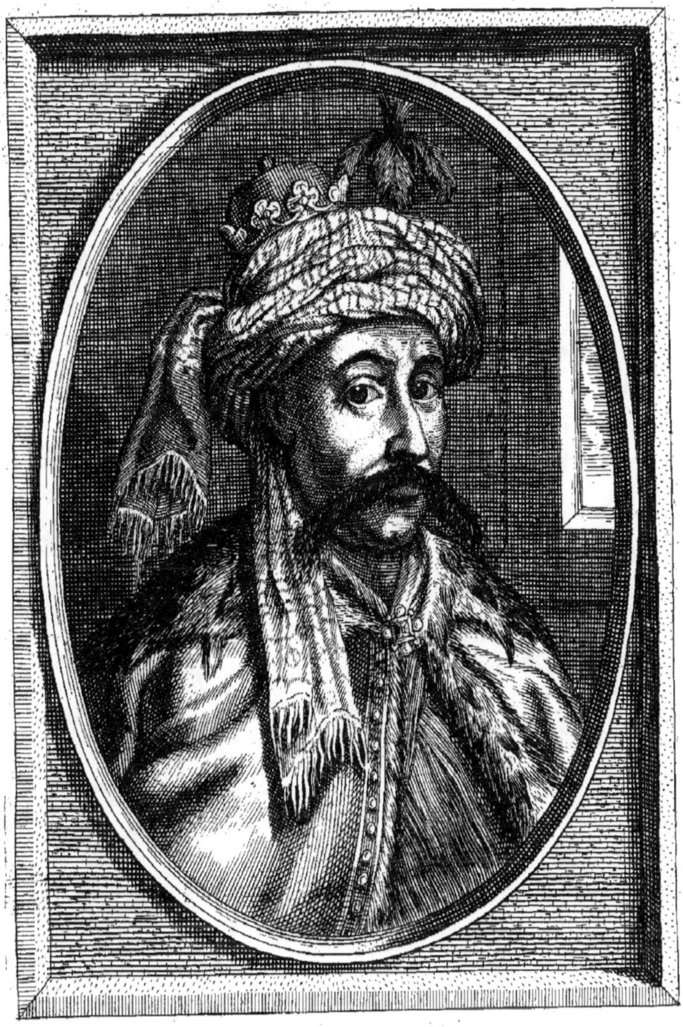

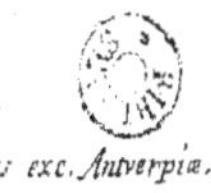

ASSARTUS ATRABANTES *magnus Tartariæ Imperator etc.*

Cera[illegible] *[illegible] exc. Antverpiæ.*

Illustrissimus et Potentissimus ASSAN AGA magnus Aleppo Bassa in
Turcarum Imperatoris perniciem coniuratus hostis

HGAMET BATXA LIE PRIMO VIXIR